Mezclar, amasar y hornear: El arte del panadero

por
Francelia Sevin

Scott Foresman
is an imprint of

Glenview, Illinois • Boston, Massachusetts • Chandler, Arizona
Upper Saddle River, New Jersey

Every effort has been made to secure permission and provide appropriate credit for photographic material. The publisher deeply regrets any omission and pledges to correct errors called to its attention in subsequent editions.

Unless otherwise acknowledged, all photographs are the property of Pearson.

Photo locations denoted as follows: Top (T), Center (C), Bottom (B), Left (L), Right (R), Background (Bkgd).

Opener: ©Craig Lovell/Corbis: 1 ©Mary Ellen Bartley/PictureArts/Corbis: 4 ©David Butow/Corbis Saba: 5 ©Michael S. Yamashita/Corbis: 8 ©Royalty-Free/Corbis: 9 ©Mary Ellen Bartley/PictureArts/Corbis: 12 ©Jacqui Hurst/Corbis: 13 ©Craig Lovell/Corbis: 15 ©Royalty-Free/Corbis: 16 ©Craig Lovell/Corbis: 20 ©Norbert Schaefer/Corbis.

ISBN 13: 978-0-328-40576-3
ISBN 10: 0-328-40576-0

CONTENIDO

La panadería de Claudia es "artesanal" porque todos los productos se hacen a mano, del modo tradicional.

Capítulo 1
Introducción

La panadera Claudia camina por la tranquila calle de su ciudad hacia su panadería. Los únicos sonidos son sus pasos que hacen eco en el asfalto frío. Es temprano en la mañana y aún está oscuro fuera. Sólo los faroles de las calles iluminan su camino. Hace tanto frío que Claudia cierra su abrigo para cuidarse del aire de la madrugada.

Se detiene en la puerta de la tienda. Un gato pequeño corre hacia ella. Ronronea porque sabe que pronto recibirá un poco de leche tibia. Claudia lo levanta y lo acaricia. Luego saca un juego de llaves de su bolsillo que tintinean mientras busca la que necesita. Abre la puerta y enciende la luz. Bostezando mira el reloj: son las 2:00 A.M.

4

Éste es simplemente el comienzo del largo día de Claudia en la **panadería** del barrio. Como otros panaderos **profesionales**, Claudia va a trabajar antes de que salga el sol. Así, el pan y otros productos que hornea todavía están calientes cuando sus clientes comienzan a llegar.

Los panaderos hacen muchas cosas maravillosas para comer, como pan, pasteles, galletas, roscas y tartas. Los guantes, el delantal y el sombrero blanco sirven para no contaminar la comida durante el trabajo en la cocina.

Es difícil decidir qué pedir porque todos los panes lucen y huelen muy bien.

La cocina de una panadería está dispuesta de forma que hornear sea fácil. Cuando se hornea, se cocina la comida usando calor seco. La cocina de una panadería tiene un horno enorme para que grandes cantidades de productos puedan hornearse al mismo tiempo. En una panadería grande hay inmensas mezcladoras y largas mesas para mezclar muchas tandas de **masa**. La masa se hace pan después de ser horneada. Altos estantes están listos para recibir el pan y otros productos cuando salen del horno. La cocina quizá tenga, además, máquinas especiales que hacen que cada etapa del proceso sea más rápida.

Cuatro ingredientes básicos del pan   Tabla 1

	1. La **harina** se hace de cereales como el trigo. Sabe bien y es nutritiva.
	2. El **agua** forma la masa cuando se agrega a la harina y a la levadura.
	3. La **levadura** está formada por diminutos organismos que transforman los azúcares en anhídrido carbónico. La levadura hace que la masa crezca.
	4. La **sal** hace que el pan tenga buen sabor.

Hay muchos tipos de panaderías. Algunas, como la de Claudia, son tiendas de barrio. Otras son muy grandes; hacen miles de barras de pan al día, las envuelven y las envían a tiendas de todo el país. El pan en los estantes del supermercado viene de grandes panaderías que usan máquinas inmensas para hacerlo exactamente igual todos los días.

También hay todo tipo de **ingredientes** en las panaderías. Harina, agua, **levadura** y sal son los cuatro ingredientes básicos para hacer pan. Cada uno tiene una función importante (mira la Tabla 1). El panadero puede usar otros ingredientes, como cebolla, semillas de amapola y semillas de sésamo, que generalmente se agregan al pan o a los *bagels*. Rellenos dulces, como manzanas, cerezas, duraznos, nueces, canela, nuez moscada y vainilla están a la mano para hacer tartas y pasteles. Al mezclar los ingredientes siguiendo la **receta**, el panadero logra deliciosos productos.

Los panaderos tienen sus propias recetas especiales para los distintos tipos de delicias que hacen. Usualmente no dan a conocer sus recetas para que nadie conozca el secreto de sus sabrosos manjares.

Los rollos de masa se colocan en cuencos y se rocían con un poco de aceite para mantener la masa húmeda.

Capítulo 2
Hacer la masa

Cuando Claudia llega a la panadería, saca todos los ingredientes que necesita para hornear. Pesa cada ingrediente de acuerdo a la receta y pone los cuencos y los utensilios para mezclar sobre una mesa larga. Entonces ya está lista para comenzar.

Hoy Claudia va a hacer primero el pan. No es un pan cualquiera pues parte de la masa será para pan de romero. Claudia pone la harina, el agua y la sal en una mezcladora y añade el romero a una parte de la masa. Mezcla la masa hasta que queda un rollo grueso y elástico.

La levadura crea las bolsas de aire que hacen que el pan sea esponjoso.

Hay que tener paciencia para hacer pan. Una vez que la masa está elástica hay que dejar que repose durante una hora o más para que crezca. Si no se espera y se pasa rápido al siguiente paso, el pan no será pan sino un bulto duro y con mal sabor.

Claudia sabe cómo actúa la levadura, así que espera pacientemente. La levadura es un organismo diminuto y vivo que come los azúcares que forman la masa. De hecho despide un gas, llamado **anhídrido carbónico**, que provoca que la masa se expanda. Este proceso se llama **fermentación** y hace que el pan quede blando y masticable. Algunos tipos de pan no necesitan fermentar porque son planos. Entre los panes planos se incluyen las tortillas y el *matzo*.

9

Mientras la masa se fermenta Claudia comienza una tanda de roscas. No hay tiempo que perder para tener todo listo antes que llegue la multitud del desayuno.

Una vez que la masa está grande y esponjosa, está lista para ser presionada con los puños. Esto puede parecer peligroso, pero realmente no lo es. Simplemente significa que se golpea la masa para permitir que salga el anhídrido carbónico que quedó atrapado durante la fermentación. Presionar con los puños es el paso preferido de Claudia al hacer pan (mira la Tabla 2).

Claudia se lava las manos y las deja algo húmedas para que la masa no se le pegue. Espolvorea la mesa con harina y pone la masa encima. Luego la **amasa** con sus manos, con cuidado de doblar y estirar lo justo. Cada vez que Claudia refuerza la masa sale anhídrido carbónico.

Claudia quiere hacer un pan firme que pueda contener el relleno de un sándwich, así que presiona la masa para deshacerse de las burbujas grandes. ¡La masa se pone a punto!

Cuando las burbujas se han ido y la masa está lista, Claudia la corta en pedazos. Pesa cada pedazo para asegurarse de que las barras tienen aproximadamente el mismo tamaño.

Este paso se llama división (mira la Tabla 2). Claudia da forma de pelota (redondeado) a los pedazos de masa que formarán las barras.

Hacer pan

Tabla 2

Paso 1 **Preparación**	Reúne los utensilios y mide los ingredientes según la receta.
Paso 2 **Mezcla**	Mezcla los ingredientes hasta que forman un rollo de masa elástica.
Paso 3 **Fermentación**	Deja que la masa repose hasta que la levadura haga que crezca.
Paso 4 **Presión con los puños**	Amasa la masa para que despida el anhídrido carbónico.
Paso 5 **División**	Corta la masa en pedazos y pésalos.
Paso 6 **Redondeado**	Da forma de bola a los pedazos de masa.
Paso 7 **Reposo**	Deja que la masa repose.
Paso 8 **Formación y embandejado**	Da forma de barras a la masa y ponlas en bandejas.
Paso 9 **Prueba**	Deja que el pan crezca por segunda vez.
Paso 10 **Cocción**	Pon las barras en el horno y deja que se horneen.
Paso 11 **Enfriamiento**	Cuando termine la cocción, saca las barras y déjalas enfriar.
Paso 12 **Exhibición y venta**	Una vez que el pan se ha enfriado, sírvelo o exhíbelo para la venta.

Capítulo 3
Al horno

Después de que la masa ha tomado forma, es hora de volver a esperar. Así como, en algunos deportes de equipo, a veces un jugador se sienta en un banco a descansar, la masa también debe hacerlo después de haberse puesto a punto. Cuanto más repose la masa (mira la Tabla 2 en la página 11), más se estirará. Claudia fija un cronómetro para media hora. Luego vuelve a hacer las roscas. Quiere tener tanto el pan como las roscas listos para cuando abra la panadería.

¡Sonó el cronómetro! Claudia dobla parte de la masa para formar barras y las pone en bandejas (mira la Tabla 2 en la página 11). Pone en moldes el resto para crear distintas formas. Seguramente has visto muchas formas diferentes de pan. Algunas de las barras que a la gente más le gusta son *boule* (bola), *batard* (torpedo), *fendu* (barra hendida) y trenzado. ¡Por supuesto que también está el *pretzel*! Claudia hará pan con varias formas. Y no olvides que una parte de la tanda de masa será para pan de romero.

13

Claudia pone las barras en una bandeja de prueba. Es una bandeja especial que las mantiene templadas y húmedas para que vuelvan a fermentar. Luego corta algunas de las barras en trozos más pequeños para formar panecillos.

Claudia deja las barras y los panecillos en la bandeja de prueba hasta que alcanzan casi el tamaño final y enciende el horno.

Mientras el horno se calienta, termina sus roscas y las pone en el horno. Luego prepara la registradora. El pan y los panecillos pronto se hornearán y los clientes comenzarán a llegar, así que debe estar lista para hacer cambio.

Cuando el horno está caliente y las barras y los panecillos se han engrosado, Claudia corta líneas en la parte superior de la masa. Los cortes permiten que el anhídrido carbónico salga mientras el pan y los panecillos se hornean.

Finalmente Claudia pone la masa en el horno y presiona un botón. El vapor sale despedido del horno, lo que hace que la corteza quede crocante. Mientras los panes y los panecillos se hornean y crecen hasta adquirir su tamaño completo, el magnífico aroma del pan horneado llena la cocina de la panadería.

Capítulo 4
Abierto al público

Mientras el pan se hornea, Claudia se asegura de que tiene todo lo que necesita para sus clientes: bolsas, cajas, tartas y pasteles que comenzará a hornear pronto.

Luego controla el pan. Ya ha sacado los panecillos del horno. El centro de las barras está muy caliente. Cuando llegan a 200 grados, ya están hechas. Claudia saca una tanda de pan recién horneado.

Quizá pienses que el pan está listo, ya que está horneado, pero no es así. El pan sigue horneándose incluso después de salir del horno. Por eso el enfriamiento es uno de los pasos del proceso. Mientras el pan se enfría, el aire de la habitación toma agua del pan.

Las barras pueden estar dos horas enfriándose. Una vez más, Claudia debe ser paciente. Si pone el pan en bolsas antes de que se enfríe, se humedecerá y podría estropearse.

Claudia dice que la paciencia es "el quinto ingrediente" y que en la panadería la paciencia es tan importante como la frescura de los ingredientes. Pero mientras espera el pan, sigue ocupada. Todo debe mantenerse limpio. Los estantes deben llenarse, para que no se le agoten nunca los ingredientes. Claudia siempre tiene dos, tres o aun más tandas de productos horneados al mismo tiempo.

Exhibir y vender es el último paso de hacer pan. Todos los otros pasos de la Tabla 2 llevan a eso. Las bolsas de papel de Claudia mantienen los panes firmes con su corteza crocante y crujiente. Sus panes blandos van bien en bolsas de plástico. Nunca pone pan en el refrigerador, porque se secaría y quedaría duro, sino en canastas; y sólo pone una barra en una bolsa cuando un cliente la compra.

Enseguida que el pan se enfría suena la campana de la puerta de la panadería. Es Wade, camino al trabajo, en busca de una rosca recién hecha para su desayuno. Por suerte ya están listas. Wade es el primer cliente diario de Claudia. Pronto llegan muchos más. La gente viene de todas partes del pueblo para comprar sus buenos productos. Nunca se sienten decepcionados.

Cuando Lisa entra y ordena doce roscas, Claudia le da una gratis. Eso se llama **docena de fraile**. Es una costumbre muy vieja que los panaderos de muchos países aún siguen.

Capítulo 5
Una panadería internacional

Todo el día entra y sale gente de la panadería de Claudia. Algunas personas están apuradas, y otras se toman mucho tiempo para decidirse. Hay tantos clientes que Claudia necesita ayuda para atender su panadería, así que Josh va a tomar órdenes y hacer repartos. De ese modo Claudia puede seguir horneando todo el día. Además, los clientes siempre huelen algo bueno en el horno cuando visitan la panadería.

Claudia tiene una panadería internacional. Eso significa que hace pan y pasteles que se originaron en países de todo el mundo. Algunas panaderías hornean productos de un solo país o cultura. En una panadería francesa seguramente podrás morder un panecillo mantecoso llamado *croissant*, pero probablemente no encontrarás un *bagel*.

Indígenas estadounidenses
PAN FRITO

Sur de Estados Unidos
PAN DE MAÍZ

México
TORTILLA

En una panadería italiana podrás mascar la corteza de una barra de pan italiano, pero probablemente no hallarás pan de maíz. Una panadería del Sur de los Estados Unidos sin duda vende pan de maíz. Todos los lugares del mundo tienen su propio tipo de pan (mira el mapa).

Mientras que una panadería mexicana hace tortillas, una de India vende *chapati*. En una panadería israelí se puede comprar *challah*, y se halla pan frito en las panaderías de indígenas estadounidenses.

Países escandinavos
PAN DE CAFÉ

Alemania
PRETZEL

Inglaterra
ROSCA

Polonia
PASKA

Rusia
PAN INTEGRAL
DE CENTENO

Irlanda
IRLANDÉS

Austria
STRUDEL

Francia
CROISSANT

Grecia
PHYLLO

España
CHURRO

China
PASTEL
DE LUNA

Italia
FOCACCIA

Israel
MATZO O CHALLA

Medio Oriente
PITA

Etiopía
ENGARA

India
CHAPATI

En todo el mundo la gente come pan y pasteles. No en vano se usa comúnmente la expresión "el pan nuestro de cada día".

19

A la gente le gusta probar pan de distintos países, así que Claudia tiene un pan especial del mes. La receta del pan del mes viene de cualquier país del mundo. Sin importar qué pan haga Claudia, sigue una receta, pesa los ingredientes cuidadosamente y espera con paciencia mientras el pan se hornea. Si pudieras visitar su panadería, ¿qué tipo de pan te gustaría probar?

Nada tiene un sabor tan maravilloso como un pan recién hecho.

Capítulo 6
Un éxito de panadería

Claudia no empezó siendo una buena panadera. Le tomó mucho tiempo aprender el arte de hornear. Cuando recién estaba aprendiendo, su pan a veces se quemaba, o era duro y pesado como un ladrillo porque no lo dejaba crecer el tiempo suficiente. A veces el pan lucía bien, pero no tenía buen sabor. Muchas cosas pueden salir mal al hornear.

Por eso hay gente que dice que hornear es un arte. Es, además, la razón por la que los panaderos tratan de seguir una receta de forma exacta.

En la escuela de panadería Claudia horneó cientos de panes, pasteles, galletas, roscas, *bagels* ¡y hasta galletas para perros! Pero le gustaba más hacer pan, así que aún es su especialidad.

Tener una panadería es más que simplemente hornear. Claudia también tomó clases de matemáticas, ciencias, nutrición, ventas y negocios. Todos estos conocimientos la ayudaron a iniciar y mantener su panadería. Claudia usa las matemáticas cada día: mide los ingredientes, da el cambio, le paga a Josh y hace presupuestos. También usa las ciencias. Si no entendiera sobre fermentación y nutrición no podría hacer tan buenos panes. Las otras clases la ayudaron a administrar su negocio.

Claudia se despierta temprano y trabaja mucho todo el día. Si no está mezclando una tanda de masa está atendiendo a un cliente, tomando una orden o limpiando. Dice que vale la pena cuando ve a un cliente con los ojos cerrados dar un mordisco a un pan recién horneado: ¡una alegría total!

¡Inténtalo!

El pan no es el único tipo de comida que se originó en otros países del mundo. Muchas de las comidas que comemos en los Estados Unidos vienen de distintos países. Vas a convertirte en un detective de comidas. ¿Qué hace un detective de comidas? Un detective de comidas averigua el país de origen de distintos tipos de comidas.

Usa la lista de comidas de la página 23 para investigar de dónde proviene cada comida. Por ejemplo, muchos quizá piensen que la papa se originó en Irlanda. Pero su país de origen es Perú.

1. Elige a alguien con quien trabajar en este proyecto.
2. Mira el mapa de las páginas 18 y 19. Es un mapa del mundo.
3. Mira la siguiente lista de comidas. Elige 10 ó 12 comidas para investigar.
4. Investiga de qué país viene cada comida.
5. Haz una tabla con la lista de comidas y sus países de origen.
6. Comparte tu investigación con tus compañeros de clase.

chiles	remolachas	limones
maníes	melones	trigo
maíz	cerdo (panceta, costillas de cerdo, jamón)	arvejas
arroz		calabazas
aguacate	rábanos	frijoles
duraznos	berenjena	boniatos
naranjas	piña	repollitos de Bruselas
coliflor	ganado (carne de vaca)	macarrones (pasta)
gallinas		

Glosario

amasa *v.* Dobla, presiona y estira para formar una masa blanda.

anhídrido carbónico *s. m.* Gas que despide la levadura cuando consume azúcares.

docena de fraile *s. f.* Trece.

fermentación *s. f.* Proceso en el cual la levadura consume azúcares y despide anhídrido carbónico; lo que hace que el pan crezca.

ingredientes *s. m.* Partes que se mezclan para hacer distintos tipos de comidas.

levadura *s. f.* Organismos diminutos que se agregan a la masa para que crezca.

masa *s. f.* Mezcla de harina, agua, levadura y sal; pan antes de hornearse.

panadería *s. f.* Lugar donde se hacen productos al horno.

profesionales *adj.* Que son muy hábiles; que pertenecen a una profesión.

receta *s. f.* Lista de ingredientes e instrucciones para hacer una comida.